DIALOGUE
DU DOUTEUR
ET DE
L'ADORATEUR,

Par Mr. l'Abbé de Tilladet.

AVEC

Les dernières paroles d'Epictete à son Fils, & les Idées de La-Mothe le Vayer.

DIALOGUE
DU DOUTEUR ET DE L'ADORATEUR.

Par Mr. l'Abbé de Tilladet.

LE DOUTEUR.

COmment me prouverez-vous l'exiſtence de Dieu ?

L'ADORATEUR.

Comme on prouve l'exiſtence du Soleil, en ouvrant les yeux.

LE DOUTEUR.

Vous croyez donc aux cauſes finales?

L'ADORATEUR.

Je crois une cauſe admirable quand je vois des effets admirables. Dieu me garde de reſſembler à ce fou qui diſoit qu'une horloge ne prouve point un horloger, qu'une maiſon ne prouve point un architecte, & qu'on ne pouvoit démontrer l'exiſtence de Dieu que par une formule d'algèbre ; encore étoit-elle erronée.

LE DOUTEUR.

Quelle eſt votre religion?

L'ADORATEUR.

C'eſt non-ſeulement celle de Socrate qui ſe moquoit des fables des Grecs, mais celle de Jéſus qui confondoit les Phariſiens.

LE DOUTEUR.

Si vous êtes de la religion de Jéſus, pourquoi n'êtes-vous pas de celle des Jéſuites, qui poſſedent trois cent lieues de païs en long & en large au Paraguai? Pourquoi ne croyez-vous pas aux Prémontrés, aux Bénedictins à qui Jéſus a donné tant de riches Abbaïes?

L'ADORATEUR.

Jéſus n'a inſtitué ni les Bénedictins ni les Prémontrés, ni les Jéſuites.

LE DOUTEUR.

Penſez vous qu'on puiſſe ſervir Dieu en mangeant du mouton le vendredi, & en n'allant point à la meſſe?

L'ADORATEUR.

Je le crois fermement, attendu que Jéſus n'a jamais dit la meſſe & qu'il mangeoit gras le vendredi & même le ſamedi.

LE DOUTEUR.

Vous penſez donc qu'on a corrompu la religion ſimple & naturelle de Jéſus, qui étoit apparemment celle de tous les ſages de l'antiquité?

L'ADORATEUR.

Rien ne paroit plus évident. Il falloit bien

qu'au

qu'au fond il fût un sage, puisqu'il déclamoit contre les prêtres imposteurs, & contre les superstitions; mais on lui impute des choses qu'un sage n'a pu ni faire, ni dire. Un sage ne peut chercher des figues au commencement de Mars sur un figuier & le maudire parce qu'il n'a point de figues... Un sage ne peut changer l'eau en vin en faveur de gens déja yvres. Un sage ne peut envoyer des diables dans le corps de deux mille cochons, dans un païs où il n'y a point de cochons. Un sage ne se transfigure point pendant la nuit pour avoir un habit blanc. Un sage n'est pas transporté par le Diable. Un sage quand il dit que Dieu est son père, entend sans doute que Dieu est le père de tous les hommes. Le sens dans lequel on a voulu l'entendre est impie & blasphématoire.

Il paroit que les paroles & les actions de ce sage ont été très mal recueillies, que parmi plusieurs histoires de sa vie, écrites quatre-vingt dix ans après lui, on a choisi les plus improbables, parce qu'on les crut les plus importantes pour des sots. Chaque écrivain se piquoit de rendre cette histoire merveilleuse, chaque petite societé chrêtienne avoit son Evangile particulier. C'est la raison démonstrative pour laquelle ces Evangiles ne s'accordent presque en rien. Si vous croyez à un Evangile, vous êtes obligé de renoncer à tous les autres. Voilà une plaisante marque de vérité qu'une contradiction perpétuelle; voilà une plaisante sagesse que des folies qui se combattent.

Il eſt donc démontré que des fanatiques ont ſéduit d'abord des hommes ſimples, qui en ont enſuite ſéduit d'autres. Les derniers ont encore enchéri ſur les premiers. L'hiſtoire véritable de Jéſus n'étoit probablement que celle d'un homme juſte qui avoit repris les vices des Phariſiens & que les Phariſiens firent mourir. On en fit enſuite un prophête, & au bout de trois cent ans on en fit un Dieu; voila la marche de l'eſprit humain.

Il eſt reconnu par les fanatiques même les plus entêtés, que les premiers chrétiens employèrent les fraudes les plus honteuſes pour ſoutenir leur ſecte naiſſante. Tout le monde avoue qu'ils forgèrent de fauſſes prédictions, de fauſſes hiſtoires, de faux miracles. Le fanatiſme s'étendit de tous côtés; & enfin dès qu'il a été dominant, il n'a ſoutenu que par des bourreaux ce qu'il avoit établi par l'impoſture & par la démence. Chaque-ſiècle a tellement corrompu la religion de Jéſu que celle des Chrêtiens lui eſt toute contraire.

Si on a fait dire à Jéſu que ſon Royaume n'eſt pas de ce monde, ceux qui prétendent être les ſucceſſeurs de ces premiers diſciples ont été autant qu'ils l'ont pu les tirans du monde, & ont marché ſur la tête des Rois. Si Jéſu a vécu pauvre, ſes étranges ſucceſſeurs ont ravi nos biens & le prix de nos ſueurs.

Conſidérez les fêtes que Jéſu obſerva, elles étoient toutes Juives & nous faiſons bruler ceux qui célèbrent des fêtes Juives. Jéſu a-t-il dit qu'il y avoit en lui deux natures ? non;

&

& nous lui donnons deux natures. Jésu a-t il dit que Marie étoit mère de Dieu? non; & nous la faisons mère de Dieu. Jésu a-t il dit qu'il étoit trin & consubstantiel? non; & nous l'avons fait consubstantiel & trin. Montrez moi un seul rit que vous ayez observé précisément comme lui; dites-moi un seul de vos dogmes qui soit précisément le sien, je vous en défie.

LE DOUTEUR.

Mais, Monsieur, en parlant ainsi vous n'êtes pas Chrêtien?

L'ADORATEUR.

Je suis chrêtien comme l'étoit Jésu, dont on a changé la doctrine céleste en doctrine infernale. S'il s'est contenté d'être juste, on en a fait un insensé, qui couroit les champs dans une petite province Juive, en comparant les cieux au grain de moutarde.

LE DOUTEUR.

Que pensez-vous de Paul meurtrier d'Etienne, persécuteur des premiers Galiléens, depuis Galiléen lui-même & persécuté. Pourquoi rompit-il avec Gamaliel son maître? est ce, comme le disent quelques Juifs, parce que Gamaliel lui refusa sa fille en mariage? parce qu'il avoit les jambes torses, la tête chauve & les sourcils joints, ainsi qu'il est raporté dans les actes de Ste. Técle sa favorite? A-t-il écrit enfin les Epitres qu'on a mises sous son nom?

L'ADORATEUR.

Il eſt aſſez reconnu que Paul n'eſt point l'auteur de l'épitre aux Hébreux, dans laquelle il eſt dit: (*a*) Jéſu eſt autant élevé au deſſus des anges que le nom qu'il a reçu eſt plus excellent que le leur.

Et dans un autre endroit, (*b*) il eſt dit que Dieu l'a rendu pour quelque temps inférieur aux Anges.

Et dans ſes autres Epitres, il parle preſque toujours de Jéſu comme d'un ſimple homme cheri de Dieu, élevé en gloire.

Tantôt il dit que les femmes peuvent prier, parler, prêcher, prophétiſer, (*c*) pourvû qu'elles ayent la tête couverte, car une femme ſans voile deshonore la tête.

Tantôt il dit que les femmes ne doivent point parler dans l'Egliſe. (*d*)

Il ſe brouille avec Pierre parce que Pierre ne judaïſe pas avec les étrangers, & qu'enſuite Pierre judaïſe avec les Juifs. (*e*) Mais ce même Paul va judaïſer lui même pendant huit jours dans le temple de Jéruſalem, & y amène des étrangers pour faire croire aux Juifs qu'il n'eſt pas Chrêtien. Il eſt accuſé d'avoir ſouillé le temple, le grand Prêtre lui donne un ſou-

(*a*) Chap. 1. ℣. 4.
(*b*) Chap. 2. ℣. 9.
(*c*) I[e]. aux Corinth. chap. 11. ℣. 5.
(*d*) Même Epitre chap. 14. ℣. 36.
(*e*) Actes des Apotres chap. 21.

flet ; il eſt traduit devant le Tribun Romain. Que fait-il pour ſe tirer d'affaire ? il fait deux menſonges impudents au Tribun & au Sanhedrin ; il leur dit, Je ſuis Phariſien, & fils de Phariſien, quand il étoit Chrêtien ; il leur dit *on me perſécute parce que je crois à la réſurrection des morts.* Il n'en avoit point été queſtion ; & par ce menſonge trop aiſé pourtant à reconnoitre, il prétendoit commettre enſemble & diviſer les juges du Sanhedrin, dont la moitié croyoit la réſurrection & l'autre ne la croyoit pas.

Voilà, je vous avoue, un ſingulier apôtre ; c'eſt pourtant le même homme qui oſe dire *qu'il a été ravi au troiſiéme ciel, & qu'il y a entendu des paroles qu'il n'eſt pas permis de raporter.* (*f*)

Le voyage d'Aſtolphe dans la Lune eſt plus vraiſemblable, puiſque le chemin eſt plus court. Mais pourquoi veut-il faire accroire aux imbécilles auxquels il écrit qu'il a été ravi au troiſiéme ciel ? C'eſt pour établir ſon autorité parmi eux, c'eſt pour ſatisfaire ſon ambition d'être chef de parti, c'eſt pour donner du poids à ces paroles inſolentes & tyranniques, (*g*) Si je viens encor une fois vers vous, je ne pardonnerai ni à ceux qui auront péché ni à tous les autres.

Il eſt aiſé de voir dans le galimathias de Paul qu'il conſerve toujours ſon premier eſprit

(*f*) IIe. aux Corinth. chap. 13.
(*g*) Idem.

persécuteur ; esprit affreux qui n'a fait que trop de prosélites. Je sais qu'il ne commandoit qu'à des gueux ; mais c'est la passion des hommes de vouloir s'élever au dessus de ses semblables, & de vouloir les opprimer. C'est la passion des tyrans. Quoi Paul Juif, faiseur de tentes, tu oses écrire à des Corinthiens que tu puniras ceux même qui n'ont pas péché ! Néron, Attila, le Pape Alexandre six ont-ils jamais proféré de si abominables paroles ? Si Paul écrivit ainsi, il méritoit un chatiment exemplaire. Si des faussaires ont forgé ces Epitres, ils en méritoient un plus grand.

Hélas c'est ainsi que la plupart des sectes populaires commencent. Un imposteur harangue la lie du peuple dans un grenier, & les imposteurs qui lui succèdent habitent bientôt des palais.

LE DOUTEUR.

Vous n'avez que trop raison ; mais après m'avoir dit ce que vous pensez de ce fanatique, moitié Juif moitié Chrêtien, nommé Paul, que pensez-vous des anciens Juifs ?

L'ADORATEUR.

Ce que les gens sensés de toutes les nations en pensent, & ce que les Juifs raisonnables en pensent eux-mêmes.

LE DOUTEUR.

Vous ne croyez donc pas que le Dieu de toute la nature ait abandonné & prescrit le reste des hommes pour se faire Roi d'une misérable

ſérable petite nation? Vous ne croyez pas qu'un ſerpent ait parlé à une femme? que Dieu ait planté un arbre dont les fruits donnoient la connoiſſance du bien & du mal? que Dieu ait défendu à l'homme & à la femme de manger de ce fruit, lui qui devoit plutôt leur en préſenter, pour leur faire connoitre ce bien & ce mal, connoiſſance abſolument néceſſaire à l'eſpèce humaine? Vous ne croyez pas qu'il ait conduit ſon peuple chéri dans des déſerts, & qu'il ait été obligé de leur conſerver pendant quarante ans leurs vieilles ſandales & leurs vieilles robes? Vous ne croyez pas qu'il ait fait des miracles égalés par les miracles des mages de Pharaon, pour faire paſſer la mer à pied ſec à ſes enfans chéris en larrons & en lâches, & pour les tirer miſérablement de l'Egypte, au lieu de leur donner cette fertile Egypte.

Vous ne croyez pas qu'il ait ordonné à ſon peuple de maſſacrer tout ce qu'il rencontreroit, afin de rendre ce peuple preſque toujours eſclave des nations? Vous ne croyez pas que l'aneſſe de Balaam ait parlé? Vous ne pas croyez que Samſon ait attaché enſemble trois cent renards par la queue? Vous ne croyez pas que les habitants de Sodome ayent voulu violer deux Anges? Vous ne croyez pas ....?

L'ADORATEUR.

Non ſans doute je ne crois pas ces horreurs

reurs impertinentes, l'opprobre de l'efprit humain. Je crois que les Juifs avoient des fables, ainfi que toutes les autres nations, mais des fables beaucoup plus fottes, plus abfurdes, parce qu'ils étoient les plus groffiers des Affiatiques, comme les Thébains étoient les plus groffiers des Grecs.

LE DOUTEUR.

J'avoue que la religion Juive étoit abfurde & abominable. Mais enfin ce Jéfus que vous aimez, étoit Juif, il accomplit toujours la loi Juive, il en obferva toutes les cérémonies.

L'ADORATEUR.

C'eft encore une fois une grande contradiction, qu'il ait été Juif & que fes difciples ne le foient pas. Je n'adopte de lui que fa morale quand elle ne fe contredit point. Je ne peux fouffrir qu'on lui faffe dire; *je ne fuis pas venu apporter la paix mais le glaive:* ces paroles font affreufes. Un homme fage encor un coup n'a pu dire que le Royaume des Cieux eft femblable à un grain de moutarde, à des noces, à de l'argent qu'on fait valoir par l'ufure; ces paroles font ridicules. J'adopte cette fentence, Aimez Dieu & votre prochain, c'eft la loi éternelle de tous les hommes, c'eft la mienne; c'eft ainfi que je fuis ami de Jéfu; c'eft ainfi que je fuis Chrétien.

tien. S'il a été un adorateur de Dieu ennemi des mauvais prêtres, persécuté par des fripons je m'unis à lui, je suis son frère.

LE DOUTEUR.

Il n'y a jamais eu de religion qui n'en ait dit autant que Jésu, qui n'ait recommandé la vertu comme Jésu.

L'ADORATEUR.

Eh bien donc je suis de la religion de tous les hommes, de celle de Socrate, de Platon, d'Aristide, de Cicéron, de Caton, de Titus, de Trajan, d'Antonin, de Marc Aurèle, d'Epictete, de Jésu.

Je dirai avec Epictète. (a) *C'est Dieu qui m'a créé, Dieu est au dedans de moi, je le porte partout, pourquoi le souillerai-je par des pensées obscènes, par des actions basses, par d'infames désirs?* (b) *Je réunis en moi des qualités dont chacune m'impose un devoir; homme, citoyen du monde, enfant de Dieu, frére de tous les hommes; fils, mari, père, tous ces noms me disent, n'en deshonore aucun.*

(c) *Mon devoir est de louer Dieu de tout, de le remercier de tout, de ne cesser de le bénir qu'en cessant de vivre.* Cent

(a) Nombre 18.
(b) 25.
(c) 64.

Cent maximes de cette espèce valent bien le Sermon de la montagne, & cette belle maxime, Bienheureux les pauvres d'esprit. Enfin j'adorerai Dieu, & non les fourberies des hommes. Je servirai Dieu, & non un concile de Calcédoine ou un concile *in trullo*. Je détesterai l'infame superstition; & je serai sincérement attaché à la vraie religion jusqu'au dernier soupir de ma vie.

LES

LES DERNIERES PAROLES D'EPICTETE A SON FILS.

EPICTETE.

JE vais mourir ; j'attends de vous un souvenir tendre, & non des larmes inutiles ; je meurs content, puisque je vous laisse vertueux.

LE FILS.

Vous m'avez enseigné à l'être. Mais vous savez quel trouble m'agite. Une nouvelle secte de la Palestine cherche à me donner des remords.

EPICTETE.

Des remords! il n'appartient qu'aux scélerats d'en éprouver. Vos mains & votre ame sont pures. Je vous ai enseigné la vertu, & vous l'avez pratiquée.

LE FILS.

Oui. Mais cette nouvelle secte annonce une nouvelle vertu que je ne connoissois pas.

EPICTETE.

Quelle est donc cette secte?

LE FILS.

Elle eſt compoſée de ces Juifs qui vendent des haillons & des philtres, & qui rognent les eſpèces à Rome.

EPICTETE.

La vertu qu'ils enſeignent eſt apparemment de la fauſſe monnoye.

LE FILS.

Ils diſent qu'il eſt impoſſible d'être vertueux ſans s'être fait couper un peu de prépuce, ou ſans s'être plongé dans l'eau au nom du père par le fils; il eſt vrai qu'ils ne ſont pas d'accord en cela; les uns veulent du prépuce, les autres n'en veulent point. Ceux-ci croyent l'eau néceſſaire, comme Pindare qui la dit merveilleuſe; ceux-là s'en paſſent; mais tous diſent qu'il leur faut donner de l'argent.

EPICTETE.

Comment de l'argent? Sans doute on doit ſecourir de ſon ſuperflu les pauvres qui ne peuvent travailler, payer ceux qui peuvent gagner leur vie, & partager ſon néceſſaire avec ſes amis. C'eſt notre loi, c'eſt notre morale. C'eſt ce que j'ai fait depuis qu'Epaphrodite m'affranchit, & c'eſt ce que je vous ai vu faire avec une ſatisfaction qui rend mes derniers moments heureux.

LE FILS.

Les philoſophes dont je vous parle exigent bien autre choſe. Ils veulent qu'on apporte

à

à leurs pieds tout ce qu'on a jusqu'à la derniére obole.

EPICTETE.

S'il est ainsi, ce sont des voleurs, & vous êtes obligé de les déferer au préteur ou aux centumvirs.

LE FILS.

Oh, non, ce ne sont point des voleurs, ce sont des marchands qui vous donnent la meilleure denrée du monde pour votre argent; car ils vous promettent la vie éternelle; & si en mettant votre argent à leurs pieds comme ils l'ordonnent, vous gardez seulement de quoi manger, ils ont le pouvoir de vous faire mourir subitement.

EPICTETE.

Ce sont donc des assassins, dont il faut au plutôt purger la société.

LE FILS.

Non, vous dis-je ce sont des mages qui ont des secrets admirables & qui tuent avec des paroles. Le père, disent-ils; leur a fait cette grace par le fils. Un de leurs prosélites qui peut horriblement, & qui prêche dans des greniers avec beaucoup de succès, me disoit hier qu'un de leurs parents nommé Ananiah ayant vendu sa métairie pour plaire au fils au nom du père, porta tout l'argent aux pieds d'un mage nommé Barjone, mais qu'ayant gardé en secret de quoi acheter le nécessaire pour son petit enfant, il fut puni de mort ſur le champ. Sa femme vint enſuite, Barjone la fit mourir de même en prononçant une ſeule parole.

EPICTETE.

Mon fils, voilà d'abominables gens. Si la choſe étoit vraye, ils ſeroient les plus infames criminels de la terre. On vous a conté des hiſtoires ridicules; vous êtes un bon enfant, mais j'ai peur que vous ne ſoyez un imbécille, & cela me fâche.

LE FILS.

Mais, mon père, ſi on gagne la vie éternelle en donnant tout ſon bien à Simon Barjone, il eſt clair qu'on fait un bon marché.

EPICTETE

Mon fils, la vie éternelle, la communication avec l'Etre Suprême n'a rien de commun, croyez-moi, avec votre Simon Barjone. Le Dieu très bon & très grand, *Deus optimus, maximus*, qui anima les Catons, les Scipions, les Cicerons, les Paul Emile, les Camilles, le père des Dieux & des hommes, n'a pas ſans doute remis ſon pouvoir entre les mains d'un Juif. Je ſavois que ces miſérables étoient au rang des plus ſuperſtitieux peuples de la Sirie; mais je ne ſavois pas qu'ils oſaſſent porter leur démence juſqu'à ſe dire les premiers miniſtres de Dieu.

LE FILS.

Mais, mon père, ils font continuellement des miracles (*ici le bon homme Epictète ricanne.*)

Vous

Vous ricannez, mon père. Vous levez les épaules.

EPICTETE.

Hélas! un mourant n'a guères envie de rire, mais tu m'y forces, mon pauvre enfant. As-tu vu des miracles?

LE FILS.

Non. Mais j'ai parlé à des hommes qui avoient parlé à des femmes qui disoient que leurs commères en avoient vu. Et puis la belle morale que la morale des Juifs, qui sont sans prépuce & qu'on lave depuis les pieds jusqu'à la tête!

EPICTETE.

Et quels sont donc les préceptes moraux de ces gens-là?

LE FILS.

C'est premiérement qu'un homme riche ne peut être un homme de bien, & qu'il lui est plus difficile de gagner le royaume des cieux, ou le jardin, qu'à un chameau de passer par le trou d'une aiguille; moyennant quoi tous les riches doivent donner leurs biens aux gueux qui prêchent ce royaume & ce jardin.

2°. Qu'il n'y a d'heureux que les sots, les pauvres d'esprit.

3°. Que quiconque n'écoute pas l'assemblée des gueux doit être déresté comme un receveur des impots.

4°. Que si on ne hait pas son père, sa mère & ses frères, on n'a point de part au royaume ou au jardin.

5°. Qu'il faut aporter le glaive & non la paix.

6°. Que quant on fait un festin de noces, il faut forcer tous les passants à venir aux noces, & jetter dans un cu de basse fosse extérieure ceux qui n'auront pas la robe nuptiale.

EPICTETE.

Hélas ! mon sot enfant, j'étois tout à l'heure sur le point de mourir de rire, & je sens à présent que tu me feras mourir d'indignation & de douleur. Si les malheureux dont tu me parles séduisent le fils d'Epictète, ils en séduiront bien d'autres. Je prévois des malheurs épouvantables sur la terre. Ces énergumènes sont-ils nombreux?

LE FILS.

Leur nombre augmente de jour en jour ; ils ont une caisse commune dont ils payent quelques Grecs qui écrivent pour eux. Ils ont inventé des mistères ; ils exigent un secret inviolable ; ils ont institué des inspirés qui décident de tous leurs intérêts & qui ne souffrent pas que les gens de la secte plaident jamais devant les Magistrats.

EPICTETE

Imperium in imperio. Mon fils, tout est perdu.

IDÉES

IDÉES

DE LA MOTHE LE VAYER.

1°. SI les hommes étoient raisonnables, ils auroient une religion capable de faire du bien, & incapable de faire du mal.

3°. Quelle est la religion dangereuse? n'est-ce pas évidemment celle qui établissant des dogmes incompréhensibles donne nécessairement aux hommes l'envie d'expliquer ces dogmes chacun à sa manière, excite nécessairement les disputes, les haines, les guerres civiles?

2°. N'est-ce pas celle qui se disant indépendante des Souverains & des Magistrats, est nécessairement aux prises avec les Magistrats & les Souverains?

4°. N'est-ce pas celle qui se choisissant un Chef hors de l'Etat, est nécessairement dans une guerre publique ou secrette avec l'Etat!

5°. N'est-ce pas celle qui ayant fait couler le sang humain pendant plusieurs siècles, peut le faire couler encore?

6°. N'est-ce pas celle qui ayant été enrichie par l'imbécilité des peuples, est nécessairement portée à conserver ses richesses, par la force si elle peut, & par la fraude si la force lui manque?

7°. Quelle est la religion qui peut faire du bien sans pouvoir faire du mal? n'est-ce pas

 l'adol'adoration de l'Etre Suprême ſans aucun dogme métaphiſique? celle qui ſeroit à la portée de tous les hommes, celle qui dégagée de toute ſuperſtition, éloignée de toute impoſture, ſe contenteroit de rendre à Dieu des actions de graces ſolemnelles ſans prétendre entrer dans les ſecrets de Dieu.

8°. Ne ſeroit ce pas celle qui diroit, ſoyons juſtes; ſans dire, haïſſons, pourſuivons d'honnêtes gens qui ne croyent pas que Dieu eſt du pain, que Dieu eſt du vin, que Dieu a deux natures & deux volontés, que Dieu eſt trois, que ſes miſtères ſont ſept, que ſes ordres ſont dix, qu'il eſt né d'une femme, que cette femme eſt pucelle, qu'il a été pendu, qu'il déteſte le genre humain au point de bruler à jamais toutes les générations, excepté les moines & ceux qui croyent aux moines?

9°. Ne ſeroit-ce pas celle qui diroit; *Dieu étant juſte, il recompenſera l'homme de bien & il punira le méchant*, qui s'en tiendroit à cette croyance raiſonnable & utile, & qui ne prêcheroit jamais que la morale?

10°. Quand on a le malheur de trouver dans un état une réligion qui a toujours combattu contre l'état en s'incorporant à lui, qui eſt fondée ſur un amas de ſuperſtitions accumulé de ſiècle en ſiècle, qui a pour ſoldats des fanatiques diſtingués en pluſieurs régiments, noirs, blancs, gris ou minimes, cent fois mieux payés que les ſoldats qui verſent leur ſang pour la patrie; quand une telle re-

li-

ligion a souvent insulté le trone au nom de Dieu, a dépouillé les citoyens de leurs biens au nom de Dieu, a intimidé les sages, & perverti les foibles, que faut-il faire?

11°. Ne faut-il pas alors en user avec elle comme un médecin habile traite une maladie cronique? il ne prétend pas la guérir d'abord, il risqueroit de jetter son malade dans une crise mortelle. Il attaque le mal par degrés, il diminue les simptomes. Le malade ne recouvre pas une santé parfaite, mais il vit dans un état tolérable à l'aide d'un régime sage. C'est ainsi que la maladie de la superstition est traitée aujourd'hui en Angletterre & dans tout le Nord par de très grands Princes, par leurs ministres & par les premiers de la nation.

12°. Il seroit aussi utile qu'aisé d'abolir toutes les taxes honteuses qu'on paye à l'Evêque de Rome sous différents noms, & qui ne sont en effet qu'une simonie déguisée. Ce seroit à la fois conserver l'argent qui sort du Royaume, briser une chaine ignominieuse, & affermir l'autorité du Gouvernement.

Rien ne seroit plus avantageux & plus facile que de diminuer le nombre inutile & dangereux des couvents. & d'appliquer à la récompense des services le revenu de l'oisiveté.

Les Confrères, les Pénitents blancs ou noirs, les fausses reliques qui sont innombrables, peuvent être proscrites avec le temps sans le moindre danger.

A mesure qu'une nation devient plus éclairée, on lui ôte les aliments de son ancienne sottise.

Une Ville qui auroit pris les armes autrefois pour les reliques de St. Pancrace, rira demain de cet objet de son culte.

On gouverne les hommes par l'opinion régnante, & l'opinion change quand la lumière s'étend.

Plus la police se perfectionne, moins on a besoin de pratiques réligieuses.

Plus les superstitions sont méprisées, plus la véritable religion s'établit dans tous les esprits.

Moins on respecte des inventions humaines, & plus Dieu est adoré.

www.ingramcontent.com/pod-product-compliance
Ingram Content Group UK Ltd.
Pitfield, Milton Keynes, MK11 3LW, UK
UKHW032036260826
14628UKWH00006B/2990

9 782019 710231